Pièce
4° F
2081

CHAMBRE DE COMMERCE

DE MARSEILLE

Proposition de Loi

tendant à préciser le sens des termes "Origine" et "Provenance" en matière de Douanes

RAPPORT

présenté par la Sous Commission des Douanes de la Chambre de Commerce

et adopté par cette Compagnie dans sa séance du 15 Février 1934

MARSEILLE
SOCIÉTÉ ANONYME DU SÉMAPHORE DE MARSEILLE
(ANCIENNE MAISON BARLATIER)
17-19, Rue Venture

1934

CHAMBRE DE COMMERCE

DE MARSEILLE

Proposition de Loi
tendant à préciser le sens des termes "Origine" et "Provenance" en matière de Douanes

RAPPORT

présenté par la Sous-Commission des Douanes
de la Chambre de Commerce

et adopté par cette Compagnie dans sa séance du 15 Février 1934

MARSEILLE

SOCIÉTÉ ANONYME DU SÉMAPHORE DE MARSEILLE

(ANCIENNE MAISON BARLATIER)

17-19, Rue Venture

1934

CHAMBRE DE COMMERCE DE MARSEILLE

EXTRAIT DU REGISTRE DES DÉLIBÉRATIONS

Séance du 15 Février 1934

Tenue sous la présidence de M. Félix PRAX
ET A LAQUELLE ONT ASSISTÉ :

MM. Félix Prax, président ; Antoine Boude et Fran-çois Mas, vice-présidents ; Camille Grand-Dufay, membre-secrétaire ; Emile Régis, membre-trésorier ; Marius Rambaud, Georges Abram, Albert Arnoux, Fernand Barbier, Emile Péclet, Léon Bourgat, Henri Morlot, Paul Latil, Alphonse Lombard, Louis Goyet, Denis Chambon, soit 16 membres sur 24 en exercice dont se compose la Chambre.

M. Georges Lobin, membre-correspondant.

. . . .

Au nom de la Sous-Commission des Douanes M. Camille Grand-Dufay donne lecture du rapport suivant sur la proposition de loi de MM. Paul Perrin, Taudière et Hymans, députés, tendant à préciser le sens des termes « origine » et « provenance » en matière de douanes, ainsi que sur le rapport présenté sur cette proposition par M. Hymans :

MESSIEURS,

Des pénalités douanières sévères étant prévues par l'article 31 de la loi du 30 juin 1923 en cas de déclaration inexacte de l'origine ou de la provenance des marchandises importées, MM. Paul Perrin, Taudière et Hymans, députés, ont estimé nécessaire de donner une définition légale du mot « provenance ».

Alors, en effet, qu'aucun doute n'existe sur le sens du mot origine (1), les auteurs de la proposition signalent que, dans la réglementation dont le Service des Douanes est chargé d'assurer l'application, le mot « provenance » aurait trois significations différentes : l'une, donnée par l'article premier de la Convention internationale de Madrid concernant la répression des fausses indications de provenance, où ce terme a exactement le sens d'origine ; la seconde, insérée dans les formules de déclaration en douane, définissant la provenance comme le « pays où la transaction commerciale avec la France a été effectuée », et, enfin, la dernière inscrite au n° 54 des Observations préliminaires du tarif des douanes et définissant le pays de provenance comme « celui d'où la marchandise a été importée en droiture ».

Pour mettre fin aux incertitudes et aux risques que les acceptions contradictoires ainsi données au mot « provenance » peuvent causer aux importateurs, la proposition de loi tend à définir le « pays de provenance » comme *celui où a eu lieu le chargement initial à destination de la France.*

I. — *Examen de la proposition de loi*
(document parlementaire n° 1134)

Avant d'aborder la discussion de cette proposition de loi, il est nécessaire de limiter exactement l'objet du débat. Celui-ci tend uniquement à préciser le sens exact du mot « provenance » en vue de prévenir les contestations qui peuvent naître à l'occasion de fausses déclarations concernant l'application du tarif des douanes. La question est donc exclusivement d'ordre tari-

(1) Le pays d'origine est celui où la marchandise a été récoltée s'il s'agit d'un produit naturel, ou fabriquée s'il s'agit d'un produit manufacturé (N° 54 des Observations Préliminaires du tarif des Douanes).

faire. Il convient, dès lors, d'écarter *de plano* de la discussion l'article premier de la Convention internationale de Madrid, qui vise uniquement les marques commerciales apposées sur les produits et la définition de la provenance donnée dans le libellé des déclarations, laquelle tend simplement à donner plus d'exactitude aux écritures statistiques. Il résulte, en effet, des renseignements fournis par l'Administration des douanes que les statistiques du commerce extérieur étant des statistiques d'*échanges,* les marchandises doivent, à l'entrée, être prises en charge au compte du pays de provenance effective actuelle, en d'autres termes, au compte du pays d'où a lieu l'envoi initial à destination de la France. Cette question est autre que celle qui nous occupe, laquelle, nous le répétons, concerne exclusivement l'application du tarif des douanes et les contestations qui peuvent naître à cette occasion.

Ainsi circonscrite, l'étude entreprise se bornera à rechercher quelle est la meilleure définition — ou celle donnée par le texte du n° 54 des Observations préliminaires du tarif (le pays de provenance est celui d'où la marchandise a été *importée en droiture*) — ou celle suggérée par les auteurs de la proposition de loi (le pays de provenance est celui *où a lieu le chargement initial* à destination de la France).

Deux raisons, également déterminantes, nous paraissent s'opposer à ce qu'on considère comme pays de provenance celui où a lieu le *chargement initial à destination de la France.*

La première est que cette définition n'est pas assez générale ; elle n'englobe pas, en effet, des opérations commerciales, cependant fort importantes, qui concernent les cargaisons flottantes de marchandises, cargaisons qui n'ont pas, au moment du chargement. de destination déterminée.

Par ailleurs, tandis que le pays d'origine d'une marchandise est immuable et définitif, la définition du pays de provenance. en matière de législation douanière, doit au contraire être telle qu'elle permette de tenir compte, pour l'application du tarif des douanes, des conditions de transport de la marchandise entre l'époque de son chargement initial pour la France et le moment où elle arrivera à destination. Notre législation douanière (article 23 de la loi du 16 mai 1863, loi du 11 janvier 1892, tableaux C, D et E, etc.), subordonne, en effet, le bénéfice des modérations de droits accordées à certains produits en raison de leur provenance à la condition du *transport en droiture*, condition essentielle (Dalloz. Répertoire de législation, mnt Douanes, n° 111), de l'inobservation de laquelle découlent, au point de vue de l'application des droits de douane, des conséquences fort rigoureuses : exclusion du privilège colonial, application des surtaxes d'entrepôt ou d'origine, perte du tarif minimum en cas d'emprunt d'un pays soumis au tarif général, etc... On ne saurait, dès lors, s'étonner qu'ayant à définir le pays de provenance, l'Administration des Douanes ne se soit pas bornée à considérer le pays où a eu lieu le chargement initial à destination de la France et qu'elle n'ait pas cru pouvoir faire abstraction de la notion *d'importation en droiture* qui est fondamentale en cette matière.

Cette obligation du *transport en droiture* se trouve déjà, en effet, dans le tarif de 1664 et dans les lettres patentes du mois d'avril 1717 réglementant le commerce des colonies françaises, notamment pour les tabacs de Saint-Christophe et autres îles de l'Amérique. Ce système, aujourd'hui connu sous le nom de « transport direct » persista également à l'époque intermédiaire (loi du 8 floréal an XI, art. 9) (1), ainsi que dans le tarif des douanes de 1844 (2). L'admission au régime de faveur n'était accordée qu'après examen des factures, chartes-parties, connaissements, polices d'assurances, livres de bord, etc... Cette régle-

(1) Les droits sur les denrées et productions des colonies françaises seront perçus conformément à la modération accordée par les lois lorsqu'il aura été justifié... de leur *importation directe* (8 Floréal, An XI, art. 9).

(2) Les réductions de droits accordées aux produits naturels, autres que le sucre, *en provenance* des pays situés au delà des Iles et du passage de la Sonde (lois des 2 juillet 1836 et 6 mai 1841) ne sont consenties qu'autant qu'il est établi qu'ils sont *arrivés en droiture* (tarif de 1844, N° 205).

mentation est d'ailleurs encore en vigueur dans ses lignes géné-
rales et elle fait l'objet des prescriptions insérées aux numéros
56 à 62 des Observations préliminaires du tarif des Douanes. Au
point de vue économique, l'application des règles du transport
direct contribue d'ailleurs au développement des ports en favo-
risant la création de grands marchés de produits d'outre-mer où
notre industrie peut facilement s'approvisionner et qui servent
également de centre d'approvisionnement pour les autres pays.

Certaines conventions commerciales réglementent également
les questions concernant l'importation en droiture (conventions
conclues avec l'Esthonie, la Tchécoslovaquie, l'Autriche, etc.) (1).

Quant aux auteurs, ils donnent tous la même définition du
pays de provenance. Pour Delandre (Traité pratique des douanes, édition de 1865), le pays de provenance est le pays d'où la
marchandise, *quelle qu'en soit l'origine,* est directement importée en France. Cette définition, qui concorde avec celle donnée
par le texte actuel des Observations préliminaires du tarif, est
d'autant plus importante à retenir que *les droits différentiels*
établis par le tarif de l'époque portaient alors sur la provenance
et non sur l'origine des marchandises et variaient selon qu'elles
arrivaient de l'Inde, d'ailleurs hors d'Europe, ou d'Europe (tarif
de 1844 numéros 44 et 45).

L'ouvrage de M. Pallain (Tome 3, p. 65) définit le pays de
provenance comme celui d'où la marchandise a été importée en
droiture. Il en est de même de M. Allix (les Droits de Douane,
Tome I, p. 357). Ce dernier auteur fait d'ailleurs observer que
lorsque l'importation est faite du pays de production même, la
provenance et l'origine coïncident. Au contraire, le pays d'origine et le pays de provenance seront distincts quand, par exem-
ple, on importe de Belgique des produits récoltés ou fabriqués

---

(1) La convention franco-suisse du 20 octobre 1906 distinguait :
 a) Les marchandises fabriquées ou produites en Suisse (art. 2) ;
 b) Les marchandises non originaires de Suisse qui seront importées
de Suisse en France, c'est-à-dire les marchandises de *provenance suisse*
(Art. 11) ;
 c) Enfin les marchandises en transit (Art. 17).

en Allemagne. Dans ce cas, le pays de provenance est la Belgique et le pays d'origine l'Allemagne. Ce sont là des notions très simples, ne prêtant à aucune équivoque et qu'il y a intérêt à maintenir.

Appelée à définir la provenance, à l'occasion de l'application de la loi du 17 août 1915 prohibant les marchandises allemandes ou austro-hongroises, la Cour de Cassation a, de son côté, par un arrêt de la Chambre criminelle du 12 mai 1917, déclaré que la loi du 17 août 1915, sous la dénomination marchandises *provenant* d'Allemagne ou d'Autriche-Hongrie, ne vise que *les marchandises dont le lieu d'expédition se trouve en territoire allemand ou austro-hongrois.*

En résumé, la tradition, les conventions commerciales, les auteurs et la jurisprudence sont en complet accord pour considérer comme *pays de provenance celui d'où la marchandise a été importée en droiture.* Nous estimons, dès lors, que la loi à intervenir devrait se borner à consacrer cette définition.

II. — *Examen du rapport de M. Hymans*
(document parlementaire n° 2618)

Les considérations qui précèdent n'ont pas échappé à l'attention de la Commission des Douanes de la Chambre des Députés qui, à la suite de l'examen auquel elle a procédé de la proposition de loi de MM. Paul Perrin, Taudière et Hymans, en a profondément remanié le texte, et propose finalement d'abroger l'article 23 de la loi du 16 mai 1863 (art. 19 du Code des Douanes) (1) et de le remplacer par des disposition entièrement nouvelles.

Aux termes du premier paragraphe du nouveau texte, « les « modérations de droits établies en raison des lieux de produc-

---

(1) Art. 23 de la loi du 16 mars 1863. — Les modérations de droits établies en raison des pays de provenance ou de production ne sont applicables que lorsqu'il est justifié que les marchandises ont été importées en droiture des pays de provenance ou de production désignés par la loi et qu'elles y ont été prises à terre.

« tion ne sont applicables que lorsqu'il est justifié *soit* que les
« marchandises ont été importées directement du pays d'ori-
« gine, *soit* qu'elles proviennent d'un pays qui n'est pas soumis
« à de plus forts droits que le pays d'origine ». L'importation
en droiture des pays de provenance cesserait dès lors d'être une
obligation stricte et le bénéfice du tarif de faveur serait conservé
à la marchandise, même si elle empruntait la voie d'un pays
tiers, pourvu que celui-ci ne fût pas soumis à des droits plus
forts que le pays d'origine.

Il y aurait intérêt à préciser exactement la portée de ce
texte. Dans son rapport, M. Hymans, président de la Commission, indique (page 6) qu'il ne faut pas confondre la provenance
avec le mode de transport, « élément éventuel de surtaxation
accessoire (surtaxe de transport ou d'origine) ». Mais cette opi-
nion se concilie mal avec celle de certains auteurs qui, avec raison selon nous, considèrent que *les surtaxes d'entrepôt ou d'origine ne sont en réalité que des surtaxes de provenance* (1). Par
ailleurs, il n'est pas exact que le mode de transport intervienne
seulement comme un mode de surtaxation *accessoire* ; des produits des colonies françaises importés dans la métropole autre-
ment qu'en droiture cesseraient d'être admissibles en franchise
et deviendraient passibles des droits du tarif général ; ce ne
sont donc pas seulement les surtaxes *accessoires* d'entrepôt ou
d'origine qui peuvent devenir exigibles lorsque la condition du
transport en droiture n'est pas remplie, mais *les droits de douane eux-mêmes* dont la quotité peut être considérablement aug-
mentée. Plus particulièrement en ce qui concerne les produits
des colonies du deuxième groupe, devra-t-on admettre qu'ils con-
tinueront, sauf application de la surtaxe d'entrepôt, à bénéficier
des droits du tarif minimum en cas d'importation par la voie de
l'Angleterre, de la Belgique, de l'Allemagne, de l'Italie, etc... S'il
devait en être ainsi, nous croyons devoir signaler par avance
l'important préjudice qui en résulterait pour nos ports, ceux-ci

(1) Voir, dans ce sens, Allix, « Les Droits de Douane », Tome I, p. 485.

n'étant plus protégés désormais contre ces importations indirectes que par la surtaxe d'entrepôt dont la faible quotité serait insuffisante pour compenser les réductions importantes que certaines Compagnies étrangères de navigation consentent sur les prix des frets.

Le deuxième alinéa du texte proposé par la Commission des Douanes maintient la définition actuelle du mot « origine » et ne motive, par suite, aucune remarque de notre part.

Au contraire, le troisième alinéa dudit texte donne une définition nouvelle du pays de provenance, définition qui serait libellée ainsi qu'il suit :

« Le pays de provenance est celui où la marchandise se
« trouvait à terre lorsqu'elle a fait l'objet de la transaction
« commerciale qui lui a donné le territoire français pour des-
« tination. Toutefois, pour les marchandises expédiées avec con-
« naissement à ordre, le pays de provenance est celui où s'est
« effectué le chargement avec ledit connaissement ».

Au demeurant, il y aurait donc, pour le pays de provenance, deux définitions : l'une, pour les marchandises à ordre, serait basée sur le lieu de chargement, tandis que l'autre, qui concernerait tout le surplus des expéditions, résulterait du lieu où la marchandise se trouvait à terre au moment où elle a fait l'objet de la transaction commerciale.

Le texte proposé pour les marchandises à ordre tend à combler la lacune que nous avons signalée précédemment dans le libellé de la proposition de loi primitive de MM. Paul Perrin, Taudière et Hymans. Il ne motive aucune remarque particulière.

Par contre, l'innovation consistant à considérer comme pays de provenance celui où la marchandise « se trouvait à terre lors-qu'elle a fait l'objet de la transaction commerciale qui lui a donné le territoire français pour destination », nous paraît devoir faire l'objet d'un examen très approfondi avant d'être acceptée. Il ne faut pas perdre de vue, en effet, que le but poursuivi par les auteurs de la proposition de loi est de donner du pays de provenance une définition suffisamment précise pour que les contestations entre les importateurs et la douane soient, autant que possible, évitées. Or, la règlementation actuelle, en définissant le pays de provenance comme celui d'où la marchandise a été expédiée en droiture, donne aux importateurs des sécurités précieuses. La preuve de l'expédition directe d'un pays déterminé est, en effet, administrée au moyen des rapports de mer affirmés par les capitaines et les équipages de navires soit devant la douane, soit devant les tribunaux de commerce, par l'examen des livres de bord, manifestes, chartes-parties, connaissements, lettres de voiture, polices d'assurances, etc..., tous documents établis par des tiers désintéressés, autres que les importateurs ou les agents de l'Administration, donnant, par conséquent, toutes garanties au commerce et ayant, par leur nature même, une grande force probante. En dehors de l'inconvénient certain qui résultera, au point de vue du secret des opérations commerciales, de l'obligation de communiquer les contrats concernant les marchandises importées de l'étranger, est-on assuré que les dits contrats constitueront toujours des moyens de preuves pertinents ? Ne doit-on pas craindre, au contraire, que, loin de restreindre les contestations avec le Service des Douanes, l'innovation suggérée n'ait pour conséquence certaine d'en accroître le nombre ?

Les expériences déjà tentées dans cet ordre d'idées donnent à penser que ces craintes ne sont pas purement hypothétiques.

A la suite d'engagements pris au Sénat lors de la discussion de la loi du 6 mai 1916 (voir documents parlementaires, Sénat, séance du 6 avril 1916), une disposition avait été insérée dans deux décrets de prohibition en date du 11 mai 1916, disposition qui exemptait de la prohibition les marchandises pour lesquelles il serait justifié auprès du Département du Commerce qu'elles avaient été *achetées par contrat* antérieurement au 6 avril 1916. Or, dès le 24 juin suivant, deux nouveaux décrets rapportaient la prohibition en ce qui concerne les alcools, les liqueurs et les automobiles et la remplaçaient par des majorations de droits sur les marchandises. Mais ces deux derniers décrets *ne renfermaient plus la clause concernant les marchandises achetées par contrat* ; il se bornaient à admettre au bénéfice du tarif antérieur les marchandises *expédiées directement pour la France* avant la publication des dits décrets. Les raisons de ce changement seraient utiles à connaître et il serait bon d'avoir, de la part du Ministère du Commerce, l'assurance que ce ne sont pas les difficultés auxquelles a donné lieu l'application de la clause relative aux marchandises achetées par contrat qui l'ont provoqué.

Qu'il nous soit également permis de rappeler les multiples contestations et les longs procès auxquels a donné lieu la perception de la majoration de 1,10 % concernant les importations de marchandises dont le vendeur était établi dans un pays autre que le pays d'origine desdites marchandises, lorsque ce vendeur n'avait en France ni siège, ni succursale où l'opération était prise en compte dans le chiffre d'affaires imposable. Il serait déplorable que la nouvelle définition proposée en ce qui concerne le pays de provenance eût pour conséquence de provoquer des contestations nouvelles, analogues à celles que le commerce de notre place a dû soutenir en grand nombre jusqu'au moment où ont été reconnues fondées les protestations qu'il avait formulées contre la perception de la surtaxe de 1.10 % susmentionnée. Ce sont ces souvenirs, encore récents, qui nous font envisager avec appréhension l'adoption d'un critérium nouveau en matière de provenance et juger la réglementation existante, basée sur le transport en droiture, préférable à celle qui tendrait à introduire en cette matière des justifications basées sur les transactions commerciales.

III. — *Conclusions*

En conclusion de l'exposé qui précède, nous vous proposons de présenter à notre Chambre le vœu suivant :

La Chambre de Commerce de Marseille,

Considérant que la définition légale du pays de provenance ne peut faire abstraction de l'obligation fondamentale d'importation en droiture (Art. 23 de la loi du 16 mai 1863) ;

Considérant qu'il importe, pour la loyauté des transactions commerciales, que la preuve de la provenance des marchandises puisse être faite par des moyens indiscutables ;

Considérant qu'à cet égard les moyens de preuve fournis par les rapports de mer, livres de bord, manifestes, chartes-parties, connaissements, lettres de voiture, etc., donnent toute satisfaction au commerce ;

Considérant qu'il n'en serait pas de même des contrats commerciaux conclus à l'étranger ;

Considérant qu'au point de vue du secret des opérations commerciales il pourrait y avoir des inconvénients à communiquer lesdits contrats,

Emet le vœu que la définition douanière légale du mot « provenance » se borne à maintenir celle qui est consacrée par des usages plus que séculaires, à savoir que le *pays de provenance est celui d'où la marchandise a été importée en droiture.*

Ce rapport entendu, la Chambre en adopte les conclusions et les convertit en délibération qui sera transmise aux Pouvoirs Publics.

Extrait certifié conforme :

Le *Président,*

FÉLIX PRAX.

Société Anonyme du Sémaphore de Marseille, 17-19, Rue Venture

www.ingramcontent.com/pod-product-compliance
Lightning Source LLC
Chambersburg PA
CBHW050412210326
41520CB00020B/6571